LES LIENS SINON RIEN !

FAKIR ÉDITIONS

DANS LA COLLECTION « AU RAPPORT ! »

Les liens sinon rien !, 2021.
Que faire de la Police ?, 2020.

DANS LA COLLECTION « UN DÉPUTÉ À... »

Un député et son collab' chez Big Pharma,
avec Cyril Pocréaux, 2018.
Un député à la ferme, 2018.
Un député à l'hôpital psychiatrique, 2017.

DANS LA COLLECTION « ENTRETIEN »

De la souplesse !, avec Lénine, 2017.
L'égalité c'est la santé, avec Richard Wilkinson, 2015.
Contre les gourous de la croissance, avec Jean Gadrey, 2015.
Remporter la bataille des idées, avec Antonio Gramsci, 2015.
Ils nous ont dit : « Vous êtes fous ! »,
avec Maurice Kriegel-Valrimont, 2013.

ET AUSSI...

Gens de France (et d'ailleurs), Jean Teulé, nouvelle édition, 2021.
L'art de la guérilla sociale, sous la direction de François Ruffin, 2016.
La gauche décomplexée, Valéry Chartier, 2016.
Les Yé-quoi ?, les Yézidis du Sinjar à la Picardie, Vincent Bernardet et Sibylle Luperce, 2015.
Comment ils nous ont volé le football, Antoine Dumini et François Ruffin, 2014.
« Pauvres actionnaires ! » Quarante ans de discours économique du Front national passés au crible, François Ruffin, 2014.
Faut-il faire sauter Bruxelles ?, François Ruffin, 2014.
Hector est mort, François Ruffin, 2013.
Vive la banqueroute !, sous la direction de François Ruffin et Thomas Morel, 2013.

François Ruffin

LES LIENS SINON RIEN !

avec Dominique Bourg,
Cynthia Fleury, Pierre Rimbert

QUI SOMMES-NOUS ?

Liée à aucun parti, aucun syndicat, aucune institution, fâchée avec tout le monde ou presque, l'association Fakir est basée à Amiens depuis 1999.

On espère fournir, d'abord par notre journal, ensuite par nos vidéos, notre site internet, nos livres, nos débats, une information rigolote sur la forme mais sérieuse sur le fond, combative mais pas sectaire.

Notre adresse :
Association Fakir - 4, rue Blanquetaque - 80 000 Amiens

Notre numéro de téléphone : 03 22 72 64 54

Pour nous écrire : contact@fakirpresse.info

Le site internet du journal : www.fakirpresse.info

« On ne voit bien qu'avec le cœur. L'essentiel est invisible pour les yeux. »

***Le Petit Prince*, Antoine de Saint-Exupéry**

INTRO À L'INTRO

En décembre 2019, j'obtenais une mission d'information de la Commission des affaires économiques sur « Les métiers du lien ». J'en étais nommé co-rapporteur, avec le député En Marche ! Bruno Bonnell. Durant six mois, nous allions auditionner des auxiliaires de vie sociale, des assistantes maternelles, des accompagnantes d'enfants en situation de handicap, des animatrices périscolaires, mais aussi leurs employeurs, leurs syndicats, des économistes, des sociologues.

Avec Gilles Perret, pour *Debout les femmes !*, nous avons filmé cette mission. Avec un parti pris cinématographique : en faire un documentaire sensible, presque anti pédagogique, sans aligner les experts sur le thème. Ce savoir est pourtant là, en filigrane. D'ailleurs, l'introduction de mon rapport tournait autour de trois dialogues avec des intellectuels : Cynthia Fleury, Dominique Bourg, Pierre Rimbert. Qui donnent une ampleur à ces métiers, qui les replacent dans une époque, dans une société, dans un projet. Qui, disons-le, portent un souffle, une espérance.
Voilà pourquoi nous les publions ici.

« Il nous faudra nous rappeler que notre pays tient tout entier sur des femmes et des hommes que nos économies reconnaissent et rémunèrent si mal. » C'est le président de la République, Emmanuel Macron, qui énonçait cela durant la crise du Covid. Et il ajoutait, citant la déclaration des droits de l'Homme et du Citoyen : « "Les distinctions sociales ne peuvent être fondées que sur l'utilité commune." Ces mots, les Français les ont écrits il y a plus de deux cents ans. Nous devons aujourd'hui reprendre le flambeau et donner toute sa force à ce principe. »

***

« J'ai même récolté une amende… » À Abbeville, durant la crise du Covid, Martine nous raconte ses mésaventures en enfilant les bas de Madame Galand, ex dame pipi à la mairie : « Entre deux personnes âgées, je me suis dit : "Tiens, ce soir, je mettrais bien un peu de gruyère sur mes pâtes." Je me suis rendue au supermarché pour acheter un sachet et en sortant, les policiers m'ont contrôlée. J'ai donné mon attestation de déplacement professionnel. “Mais ça, c’est pour vous ?”, ils m’ont demandé, en montrant le fromage. “Bah oui. – Et vous avez un papier pour les produits de première nécessité ? – Bah non.” J’aurais dû mentir, dire que c’était pour une vieille dame… Le gruyère m’a coûté 135 €. Déjà qu’on ne gagne pas lourd. »

« Ça, c’était ma journée d’hier. »
Martine nous tend son PDA, son assistant électronique.
« Quand je rentre chez une personne âgée, je pointe avec ça, y a un boîtier contre le mur. Quand je sors, je pointe. Et c’est là-dessus que l’association m’envoie des messages : “Bonjour, les plannings clients sont dans vos casiers.”
— Donc, tu as débuté à 8 h 30 ?
— Oui, chez Monsieur T.
— Pour trente minutes ?
— C’est ça. Il faut faire vite, ouvrir les volets, le soulever, la toilette, le bol au micro-ondes… J’avais un quart d’heure chez Madame B., mais un quart d’heure, ça vaut pas le coup. J’avais à peine le temps d’enfiler ses bas. Maintenant, c’est une demi-heure minimum. Quand j’étais en Touraine, c’était plus tranquille, on avait une heure, jamais moins, parfois deux heures, on pouvait bavarder, et les horaires montaient vite. Je faisais 1200 €, 1300 €, je dépassais toujours le Smic…
— Ensuite, tu as un quart d’heure de battement ?
— Oui. C’est le temps de déplacement.

« SIX JOURS PAR SEMAINE, DEUX DIMANCHES SUR TROIS, JE PRENDS TOUS LES REMPLACEMENTS... ET JE TOUCHE 800 € PAR MOIS. »

MARTINE, ASSISTANTE DE VIE SOCIALE.

— Il est payé ?
— Comme hier j'étais en mode prestataire, oui.
— Donc, si je compte bien, tu enchaînes quatre visites le matin, avec une grosse pause le midi…
— Ça me permet de rentrer chez moi.
— Quatre visites en fin d'après-midi, et là tu as un trou de deux heures…
— Je suis restée dans ma voiture. J'en ai profité pour passer des appels, faire le lien avec les collègues pour aujourd'hui : "Monsieur T. a une escarre aux fesses… Madame L. t'attend vers midi." J'ai rassuré Madame L., derrière, elle est toujours inquiète quand il y a un changement d'AVS, elle a peur qu'on l'oublie.
— C'est pas compté comme du temps de travail ?
— Non, jamais.
— Et tu termines à 20 h 30 ?
— 21 h. À 21 h, j'arrête.
— Donc, une amplitude de douze heures, un peu plus.
— C'est ça, il faudrait une prise en compte de l'amplitude horaire. Si je pars pendant huit heures, je suis payée huit heures.
— Tu fais ça combien de jours par semaine ?
— Six jours. Et deux dimanches sur trois. Un week-end en prestataire, un week-end en mandataire, et le troisième en repos. Faut dire que je prends tous les remplacements, y a quatorze AVS en arrêt maladie sur mon secteur…
— Tu pourrais me montrer ta fiche de paie, maintenant ? »

Martine sort un dossier de son sac.
« Ça c'est ma feuille d'octobre. »
Je vois 110,96 h. Et en face, en net, 759,18 €.
« Je touche à peu près 800 € par mois, mais après ma saisie sur salaire, ça me fait 759 €, parce que je n'ai pas payé mes impôts locaux. C'est complété avec du RSA activité. Et ma fille touche 300 € de pension…
— Tu as quoi comme avantages, à côté ?
— Comme avantages ?
— Je ne sais pas, les tickets restau ?
— On n'en a pas.
— Les frais de déplacements ?
— C'est 35 centimes du kilomètre. Ma voiture est tombée en panne, je n'avais pas les moyens de la réparer. Durant un an et demi, j'ai fait du vélo tous les jours, par tous les temps, à soixante ans. L'association n'avait pas de véhicule professionnel, ou de vélo électrique à me prêter. Ce qui serait bien, c'est 1 000 €. Si j'avais 1 000 €, je serais contente… »

***

Martine ne constitue pas l'exception, mais la règle, dans les professions que nous avons retenues : auxiliaires de vie sociale, animatrices du périscolaire, accompagnantes d'enfants en situation de handicap, assistantes maternelles. Le travail occupe leurs journées, souvent du matin au soir, parfois le samedi, voire le dimanche, c'est un temps plein. Et pourtant, au bout du mois, elles ne récoltent qu'un piètre salaire, sous le Smic et le seuil de pauvreté. Au-delà

même des revenus, elles sont dépourvues de statut, maintenues dans la précarité, dans l'incertitude du lendemain, inexistantes, non-reconnues, un lumpenprolétariat des services.
Quel paradoxe ! Car tous les discours, toutes les proclamations de bonnes intentions en dégoulinent : ces femmes s'occupent des êtres qui nous sont les plus chers, les plus précieux, nos bébés, nos enfants, nos personnes âgées, handicapées... Du berceau à la tombe, elles prennent en charge les plus fragiles... Elles sont le fondement de notre société...
Quel fossé, entre les paroles et les actes ! Valorisées dans les mots, dévalorisées dans les faits.
Pourquoi, alors, cette maltraitance des aidants ?
Pourquoi les politiques publiques entérinent, voire encouragent, financent, cette indécence salariale, plutôt que de la combattre ?
Pourquoi les rapports parlementaires, jusqu'ici, évitent cette question sociale : « Comment vivre, et vivre bien, de ces métiers ? » ? Pourquoi ne les abordent-ils que par le défi du vieillissement, comme avec le « Plan de mobilisation nationale en faveur de l'attractivité des métiers du grand âge » établi par Myriam El Khomri ? Ou, pour le handicap, pourquoi ils ne l'abordent que par le vécu des élèves : « cette situation est à l'évidence difficile pour les auxiliaires de vie scolaire, mais elle oblitère surtout la qualité, la fluidité et la continuité de l'accompagnement proposé aux jeunes en situation de handicap » (dans le rapport de Pénélope Komites en 2013, *Professionnaliser les accompagnants pour la réussite des enfants et adolescents en situation de handicap*).

Questions importantes, certes, mais pourquoi les aborder sans se centrer, jamais, sur les travailleuses, leurs horaires, leurs formations, leurs rétributions ?
Ou alors, par le chômage : « Comment créer de l'emploi ? », mais sans se demander quels emplois ? ou quels bouts d'emplois ? pour quoi faire ? Ou à la rigueur par l'« attractivité » : « ajuster l'offre à la demande par la revalorisation des conditions de travail et des salaires », envisageant si besoin de recourir à l'immigration.
Pourquoi ne pas viser, pour ces femmes, le travail décent ?
Parce que ce sont des femmes, justement. À près de 90 %, 87,3 % exactement.
Et des femmes pauvres : avec 26 heures de travail hebdomadaire, en moyenne, et 832 euros de salaire net, 1 190 euros pour un (rare) temps plein.
Et des femmes peu éduquées, souvent : à 80 %, un niveau inférieur au BEP (niveau secondaire deuxième cycle court).
Et des femmes étrangères, parfois : 14,5 % dans les services à la personne.
Les dominations s'ajoutent, de genre, de classe, d'origines. Ou, dit autrement, elles cumulent les « fragilités » : « Dans le service à la personne, ce sont deux vulnérabilités qui se font face », formule la directrice de recherche au CNRS et philosophe Geneviève Fraisse.

Il faut dire le non-dit : « Ces tâches relevaient du travail domestique, note la chercheuse Sandra Laugier, qui a notamment travaillé sur l'éthique

« LA CAPACITÉ DES AIDANTS VARIE, MAIS L'ÉPUISEMENT MORAL, PHYSIQUE ET PSYCHIQUE ARRIVE TÔT OU TARD. »

CYNTHIA FLEURY

féministe du *care*, et étaient donc effectuées, gratuitement, bénévolement, par des femmes. » Non seulement les femmes n'étaient pas payées, mais elles en payaient le prix, comme en témoigne cet échange avec une autre philosophe, Cynthia Fleury :

François Ruffin : Vous avez écrit *Le soin est un humanisme*, et je m'interroge sur une contradiction, confuse. Avec ces « métiers du lien », je vise, au fond, à salarier, à professionnaliser, voire à fonctionnariser le soin. Des soins qui étaient, jusqu'alors, délivrés à l'intérieur des familles, bénévolement, pas comme un service marchand. Est-ce que le soin, payé, ça demeure un humanisme ?

Cynthia Fleury : Pour ma part, je n'aperçois pas de contradiction. Et j'irais beaucoup plus loin : ce soin, lorsqu'il est porté exclusivement par les familles, les détruit souvent. Si le « soin » demeure un choix, nous pouvons nous appuyer sur les familles, mais l'enjeu est de professionnaliser ce soin, de le dé-féminiser notamment.

Mon point de vue, ici, n'est pas moral, il est clinique : un soin intégralement porté par la famille produit de l'érosion, l'érosion de soi, la dépression des aidants. Bien sûr, selon les situations familiales et les tempéraments, la capacité des aidants varie, mais l'épuisement moral, physique et psychique arrive tôt ou tard. La politisation du soin, la professionnalisation du soin, sont obligatoires pour préserver la santé de tous.

François Ruffin : Et vous diriez ça pour tous les soins ? Dans nos métiers du lien, on a retenu les auxiliaires de vie sociale pour personnes âgées, les accompagnants pour enfants en situation de handicap, mais aussi les assistantes maternelles pour les bébés… Vous portez le même diagnostic pour tous ?

Cynthia Fleury : Pour tous. C'est une vérité désagréable à entendre pour la rémanence patriarcale qui sommeille dans la société, mais c'est un fait. Une mère seule, un parent seul, s'épuise. Le soin à plein temps, dans ce monde où il est totalement dévalorisé et naturalisé, alors même qu'il est fondamental, met souvent en danger « social » celui qui le prodigue, sans parler de son érosion physique et mentale. Donc revaloriser le soin est un enjeu politique majeur.

Dans votre rapport, il faut le dire : la politisation du soin est nécessaire. Pour des raisons cliniques. Ça ne veut pas dire qu'il faut éliminer le soin familial, filial, parental, ils sont absolument nécessaires. Chacun a sa part. Le soin est une affaire de continuum.

Pour le dire de façon caricaturale : la création de l'État social, c'est la politisation de la solidarité. Avant, la solidarité n'existait pas. Ce qui existait, c'était la charité, la compassion, les familles, la philanthropie etc. Face à la naissance de l'État social, les conservateurs ont dit : « Mais vous êtes en train de déresponsabiliser l'individu, de le démoraliser, vous lui enlevez l'obligation de la piété filiale, cette affaire-là c'est les familles. » Donc, il y a eu deux camps : d'un côté la « naturalisation », de l'autre côté la politisation. Je défends pour ma part, cliniquement, une solidarité politisée. Qu'est-ce que cela signifie ? Que le *care*, c'est du travail. Que le *care*, c'est de la compétence. Que le *care*, ce n'est pas exclusivement du don.

Notre société s'est construite autour de cette naturalisation et cette féminisation du soin, de cette culpabilisation aussi. Le soin, c'est le sacrifice, la vocation, mais on passe à côté de sa dimension « efficace », rationnelle, à savoir notamment sa difficulté, sa nécessaire compétence, etc. Je vois des familles se détruire autour du suivi autistique d'un enfant, ou d'un parent Alzheimer. Bien sûr, elles sont dans l'obligation morale de le faire, car il n'y a souvent qu'une offre inadaptée face à l'immense demande, donc elles se substituent. Mais c'est assez terrible de voir comment le suivi d'une maladie chronique douloureuse, incurable, ou d'une déficience cognitive, d'une dépendance totale, irradie l'ensemble des aidants. Tout peut exploser : la vie familiale, la vie professionnelle, la vie amoureuse.

Or c'est un enjeu pour demain : nous vivons plus longtemps et la médecine a « créé » des nouvelles maladies, en prolongeant notre vie, indépendamment de nos pathologies. Il y a l'excellente nouvelle de l'allongement de la vie, et notamment de la qualité de vie. Mais il y a aussi la démultiplication du poly-pathologique. Or, pour éviter de pourrir la vie des enfants et des familles, il faut affirmer la politisation, la collectivisation de cette question. Sans celle-ci, la société ne pourra pas relever correctement et de façon humaniste la transition épidémiologique.

La maltraitance des « métiers du lien » prolonge, au fond, la maltraitance économique, symbolique, psychologique, de tous ceux qui sont invisibilisés par la société : longtemps les femmes, et aujourd'hui les minorités.

***

Cette maltraitance tient, également, à une honte, une honte sociale.
Ces « métiers du lien » sont aujourd'hui jetés dans le gros paquet des « services à la personne ». Volontairement (on verra pourquoi), « les activités relevant de l'action sociale et les services domestiques ont été réunis », regrette l'économiste Florence Jany-Catrice. On a instauré une confusion : les aides aux personnes âgées, handicapées, malades, sont désormais confondues avec les prestations destinées aux classes aisées, le jardinage et le bricolage, la promenade des animaux de compagnie, l'assistance informatique ou administrative, la cuisine à domicile, l'enseignement à domicile, et surtout, surtout, massivement, le ménage.
« L'intimité, c'est le sale, et le sale ne se montre pas, pointe Geneviève Fraisse. Ce tabou aboutit à une invisibilité du travail à domicile. » Comme si en lavant les taches, ces femmes portaient un peu de cette tache à leur tour. Comme si en masquant leurs tâches, on effaçait la tache.
D'autant que cette nouvelle domesticité comporte, pour les dominants, une autre honte : « On sépare,

abusivement, les vulnérables d'un côté, les autonomes de l'autre, relève Cynthia Fleury. La vérité, c'est que les "autonomes" parviennent à cacher leur vulnérabilité, et même leur dépendance. Comme l'énonce Joan Tronto, une universitaire américaine, spécialiste du *care* : "Ils ont des ressources pour rendre leur vulnérabilité invisible." Grâce à cela, il y a une sorte d'illusion d'optique : en les regardant, chacun pense : cette personne n'a besoin de rien, elle est autonome. Mais chacun oublie qu'il y a souvent quantité d'individus derrière ce qui se donne à voir comme autonomie : des femmes de ménage, des coachs, des comptables, des baby-sitters, des familles super-soudées pour s'occuper des enfants. Mais cela reste souvent discret : ce qui apparaît, c'est de la super puissance. De l'indépendance. »

Mettre en lumière cet assistanat, c'est ébrécher un mythe social : « L'invisibilité imposée à ceux qui assument les tâches ménagères, compare Mona Chollet, l'essayiste, n'est plus aussi spectaculaire que dans ce manoir du Suffolk où les serviteurs devaient tourner leur visage contre le mur quand ils croisaient un membre de la maisonnée. Pourtant, elle demeure. Une campagne de communication de l'Agence nationale des services à la personne montrait "des aspirateurs et des pulvérisateurs de nettoyants pour vitres qui semblaient animés par l'opération du Saint-Esprit"... La plupart du temps, les femmes de ménage sont des fantômes : elles viennent chez leur employeur en son absence et

communiquent avec lui par petits mots. “Le rêve, c’est d’arriver comme ça et de trouver tout fait, et d’être tranquille chez moi quand j’arrive”, énonce une quadragénaire... L’employeur comme le mari peuvent ainsi se faire servir tout en s’épargnant l’embarras, même vague, d’y être confrontés. Mais ce refus de voir le travail domestique permet aussi de maintenir l’illusion d’un intérieur propre et bien tenu comme par magie... » Et la journaliste de nous amener chez le plus célèbre des magiciens, Harry Potter : « Dans les familles riches ou à Poudlard, s’activent les elfes de maison qui ne touchent aucun salaire. Comme leurs homologues humains, ils sont condamnés à la clandestinité. À l’école des sorciers, ils nettoient les salles communes la nuit, quand les élèves dorment, et les dortoirs le jour. Mais leur invisibilité atteint son paroxysme au réfectoire : à l’heure des repas, des montagnes de victuailles apparaissent sur les tables, comme surgies du néant. Il faut plus de deux ans de scolarité à Hermione pour réaliser que les plats sont envoyés depuis les cuisines par des elfes. À la suite de cette révélation, elle refuse un temps de s’alimenter, révoltée à l’idée que son bien-être repose sur un esclavage. Cette sensibilité sociale prononcée suscite l’incompréhension et la réprobation de son entourage. “Ne va pas leur mettre des idées en tête en leur disant qu’il leur faut des vêtements et des salaires !” la prévient l’un des jumeaux Weasley. Mais Hermione persiste et fonde la Société de libération des elfes de maison... »
Comment, dès lors, valoriser des « services à la per-

sonne » que l'on cache, que l'on maintient dans l'ombre ? C'est la part obscure de notre société, comme les esclaves de la cité athénienne, avec autour le consensus de l'oubli.

Cette maltraitance, enfin, des « métiers du lien », tient à la maltraitance des liens eux-mêmes, à leur négligence, dans nos sociétés.
Car dans quelle société vivons-nous ? De consommation. Ainsi définie par *Le Petit Robert* : « Type de société où le système économique pousse à consommer et suscite des besoins dans les secteurs qui lui sont profitables. » Ou encore, dans *Le Petit Larousse* : « Société d'un pays industriel avancé où l'économie, pour fonctionner, s'efforce de créer sans cesse de nouveaux besoins, et où les jouissances de la consommation sont érigées en impératifs au détriment de toute exigence humaine d'un autre ordre. »
Apporter de la dignité à une personne âgée, contribuer à l'autonomie d'une personne handicapée, participer à l'« élaboration imaginative » d'un enfant, à sa « capacité de création », à sa « capacité de résilience », bref, par le soin, donner aux plus vulnérables quelque chose à espérer de ce monde, et cela, quelles que soient les bourses, quelles que soient les fortunes : ces « besoins », bien réels, même essentiels, pas du tout artificiels, sont-ils « profitables au système économique » ? Ils relèvent à coup sûr d'une « exigence humaine d'un autre ordre ». D'où le mépris, tacite, mais collectif, qu'ils subissent. Ces liens ne sont pas comptés, pas comptés comme une

richesse, juste comme un « supplément d'âme » lorsqu'ils sont gratuits, délivrés par la famille, ou comme une dépense, comme un coût, lorsqu'ils sont payés. Et on le sait : ce qui n'est pas compté, économiquement, ne compte pas.

Ce qui compte, en revanche, ce sont les biens. Le PIB, jusqu'aux années 1970 et l'adoption en 1976 du Système élargi de comptabilité nationale (SECN), n'a comptabilisé que les biens, agricoles et industriels. Les Trente glorieuses se racontent d'abord par le supermarché, le chariot rempli, le réfrigérateur pour tous, plus que par la Sécurité sociale, les retraites, l'éducation secondaire pour tous, qui furent pourtant la toile de fond de décennies où le confort s'accrut. Et aujourd'hui encore, en un prolongement de cette période, comment nous est vendu le progrès ? Sous la forme d'un portable iPhone 11, bientôt pourvu de la 5G, et avec des frigos connectés. Mais qui ce progrès-là fait-il vraiment rêver ? Comme l'écrit le philosophe Dominique Bourg : « On comprendra aisément que l'adduction d'eau, l'électricité, le chauffage central, l'accroissement des surfaces d'habitation, les machines à laver linge et vaisselle, la chaîne du froid, une forme de mobilité aient débouché sur une augmentation réelle et tangible de notre bien-être. Mais ces améliorations fondamentales et qualitatives ne peuvent avoir lieu qu'une fois. La simple accumulation indifférenciée de biens matériels ne saurait suffire à elle seule à augmenter notre sentiment de bien-être. »

Avec cette mission, il nous faut afficher notre ambition : à travers les « métiers du lien », c'est un projet de société que nous portons. Nous ne venons pas, seulement, techniquement, construire un statut pour les auxiliaires de vie sociale. Il le faut, certes. garantir un revenu pour les accompagnantes d'enfants en situation de handicap, il le faut, assurer une reconnaissance aux animatrices du périscolaire, il le faut, bâtir un filet de sécurité pour les assistantes maternelles, il le faut. Il faut tout cela. Il faut les sortir de la marge, de la périphérie, de l'oubli. Mais il faut plus. Il faut la société qui va avec. Il faut la société qui place le lien en son cœur. Qui en fait son moteur, son mantra : par où passera le progrès demain ? Par le lien.

C'est un basculement que nous réclamons, et qui ne correspond pas qu'à une conviction éthique. Il répond à un moment historique. Et à une nécessité écologique.
Quel « moment historique » ? La croissance ne fait plus le bonheur. Un tableau fourni par l'Organisation des Nations Unies le montre bien (voir page suivante).

Que nous dit-il ? Que dans les premières phases du développement, la richesse apporte en effet un supplément de bien-être, avec une alimentation plus

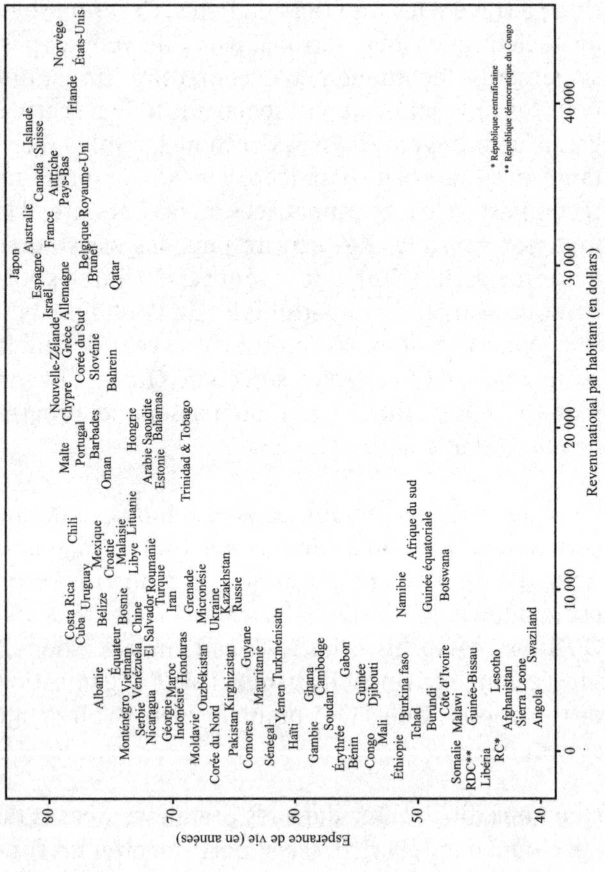

Figure 1 : Ce n'est que lors des premières étapes de développement économique que l'espérance de vie augmente.

Figure 2 : L'espérance de vie n'a aucun rapport avec les écarts de revenus moyens entre pays riches.

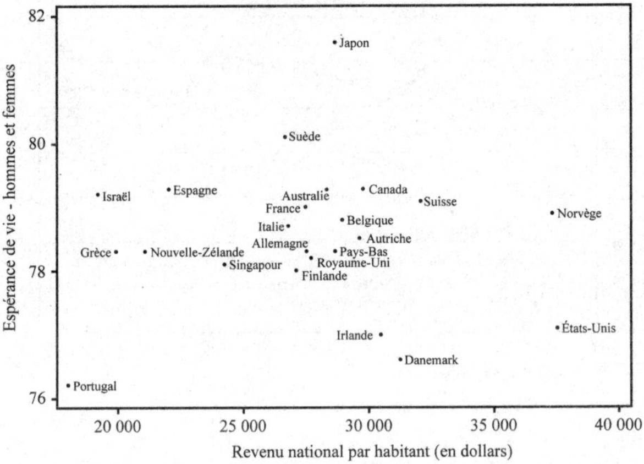

calorique, de meilleurs soins, de l'éducation : l'espérance de vie s'élève très rapidement. C'est vrai dans les pays pauvres. Mais ensuite : plus le niveau de vie augmente, plus le lien entre revenu et espérance de vie s'atténue. Il finit par disparaître entièrement : à partir d'environ 20 000 dollars par habitant, la courbe ascendante devient horizontale.

Faisons maintenant un zoom sur les pays les plus riches (voir ci-dessus) .

Que remarque-t-on ? Eh bien justement, rien ! Dans les pays les plus riches, il n'y a plus de lien entre le niveau de richesse et l'espérance de vie. Les nations

Figure 3 : Revenu national brut et satisfaction générale

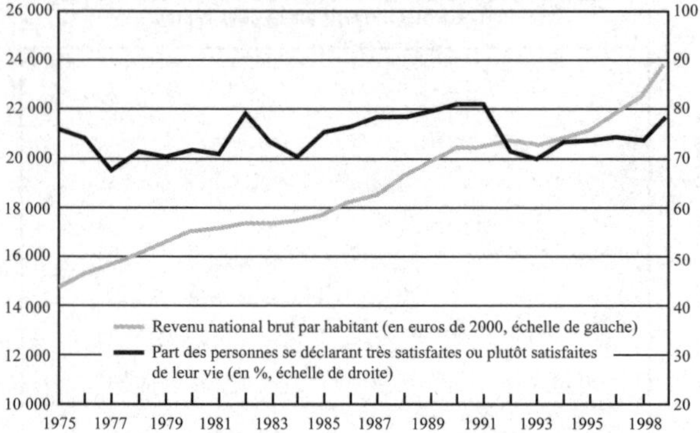

Source : Insee et Eurobaromètre.

se trouvent distribuées de façon aléatoire : les États-Unis, le pays plus riche, ont une espérance de vie inférieure à celle de l'Espagne ou de la Nouvelle-Zélande, ou à celle de pays où le revenu par habitant est presque deux fois moindre ! Et même de Malte, de Cuba ou du Costa Rica !

D'ailleurs, depuis quarante ans, depuis le milieu des années 1970, le revenu par habitant en France a quasiment doublé. Mais pour le taux de bonheur, cela n'a rien à voir : il stagne (voir graphique ci-dessus). Les deux courbes sont disjointes. Et on retrouve exactement les mêmes courbes, les mêmes tendances, aux États-Unis ou dans l'ensemble de l'OCDE. Cela signifie une chose simple

et essentielle : la croissance ne fait plus le bonheur.
Comme l'énonce l'épidémiologiste anglais Richard Wilkinson : « C'est la fin d'une époque. Jusqu'ici, pour améliorer notre condition, il y avait une réponse qui marchait : produire plus de richesses. Nous avons passé un certain seuil, et ce lien est désormais rompu. C'était un schéma prévisible : si notre estomac crie famine, manger du pain est le soulagement ultime. Mais une fois notre estomac rassasié, disposer de nombreux autres pains ne nous aide pas particulièrement…
Nous sommes la première génération à devoir répondre de façon plus novatrice à cette question : comment apporter de nouvelles améliorations à la qualité réelle de la vie humaine ? Vers quoi nous tourner si ce n'est plus la croissance économique ? »

« Vers quoi nous tourner ? »
Une étape est franchie, dans notre développement, et voilà qui nous remplit moins de satisfaction que d'inquiétude : quel est le sens, désormais ? Quel est le sens de l'histoire ? Quel est le sens de nos jours ? Nous assistons à l'effritement d'une croyance, à une crise d'espérance :

Dominique Bourg : On sort de la société de consommation. Ce n'est pas rien. La consommation avait (j'en parle au passé) une fonction spirituelle, elle donnait un sens à notre existence, et à l'histoire, à la société. À travers la consommation, on se réalisait. Cette magie jouait à plein durant les années 1960, mais elle s'est assez vite effritée. Dès les années 1970, apparaît une contestation de ce culte. Et aujourd'hui, dans nos pays, ça ne marche plus : lors des "focus groups", lorsqu'on invite des gens lambda pour discuter d'un nouveau produit, toute fascination a disparu. J'ai rencontré des professionnels de ces analyses marketing, qui m'en ont témoigné : "La magie, c'est fini. Complètement fini." Mais même l'Inde ou la Chine, à la limite, ils n'auront jamais connu cette magie de la consommation. Parce que, d'emblée, elle est associée à la destruction très visible de l'environnement. Ils savent. C'est sans innocence, habité par une culpabilité.

François Ruffin : Et comme la magie est morte, le système jette toutes ses forces pour que l'idéologie survive ? Avec des écrans publicitaires partout ? Des chaînes de télé gorgées de pubs ?

Dominique Bourg : On met un fric monstre pour continuer à vendre n'importe quoi. Sinon, si toutes les conneries ne se vendent plus, le système est foutu.

***

« Vers quoi nous tourner ? »
Eh bien, avec ce rapport, à tâtons nous répondons, nous ouvrons le chemin : vers les liens, plutôt que vers les biens. Dans notre moment historique, voilà l'étape d'après, la direction, pour « apporter de nouvelles améliorations à la qualité réelle de la vie humaine ».

“ON EST CUL PAR-DESSUS TÊTE ! LE VENDEUR DE SUV, LE PUBLICITAIRE SONT BIEN PAYÉS. À L’INVERSE DE CES MÉTIERS DU LIEN, ESSENTIELS.”

DOMINIQUE BOURG

Ce nouveau cap, par ailleurs, l'urgence écologique l'exige.

François Ruffin : Vous dites souvent que le progrès, demain, ne sera plus dans la technologie, mais dans la qualité des relations…

Dominique Bourg : Non pas demain, mais dès aujourd'hui en fait ! Dans les pays riches, comme le nôtre, on le voit déjà dans les enquêtes : le bien-être provient désormais, non plus du PIB, mais du relationnel, du temps passé en famille, d'une disponibilité pour ses amis, etc. C'est ça qui rend les gens heureux, épanouis, et non pas le fait d'avoir trois bagnoles.

Bruno Bonnell : Si on en vient à notre sujet, ça veut dire, dans cette logique, qu'il faudrait valoriser les métiers qui créent du lien, plutôt que ceux tournés vers la marchandise ?

Dominique Bourg : Évidemment ! On est cul par-dessus tête ! Ce n'est pas très sympa, mais le vendeur de SUV, le publicitaire qui vante ces véhicules, l'ingénieur qui dessine les plans, ces emplois sont valorisés, bien payés, bien considérés. Alors que, non seulement ils n'apportent qu'un plaisir éphémère, si ce n'est de la frustration, mais surtout ils contribuent à la dégradation de l'habitabilité de la Terre. Est donc rémunéré ce qui détruit.

À l'inverse de vos métiers, qui participent d'une chose essentielle : la reconnaissance de l'autre. Revenez au vieil Hegel, on est au début du XIXe siècle, il dit : « Qu'est-ce qui fait qu'une société sera accomplie ? C'est quand il n'y aura plus aucun individu qui ne sera pas reconnu dans son humanité. » C'est le fondement de la vie sociale : la reconnaissance, par la société, de la valeur de tout un chacun. C'est le drame terrible du chômage : il rend les « hommes inutiles », et ça c'est destructeur, moralement, mentalement.

François Ruffin : Là, c'est la reconnaissance à la fois des gens qui sont aidés et des gens qui aident ?

Dominique Bourg : Les deux ! Tu reconnais les deux d'un coup ! D'un côté la personne qui aide, si son boulot lui plaît, si elle s'y reconnaît, obtient justement une reconnaissance de la personne qu'elle aide, et de la société ; de l'autre, elle-même et la société reconnaissent la personne aidée dans son humanité. Cette dernière sort de l'isolement, de la trappe mentale où sont abandonnés les gens qui ne peuvent se débrouiller seuls. Tu renforces de manière générale les liens, et c'est un signal que tu donnes à la société en disant : « La société ne se borne pas au marché, c'est d'abord l'entraide. Ce qui va être de plus en plus important aujourd'hui, c'est les liens. »

François Ruffin : C'est le volet « social ». Mais c'est vert aussi ?

Dominique Bourg : C'est la clé de tout en matière d'écologie. Si la planète devient de moins en moins habitable pour notre espèce, et pour les autres espèces, la première cause, ce sont les flux d'énergie et les flux de matière, tous les objets qu'ils permettent de produire. D'autant que nous sommes sur une industrie du petit gadget obsolescent, sans grand intérêt, avec une Terre transformée en atelier géant. Avec un effacement de la géographie, des mers, des distances. Avec pour seule boussole le coût, la concurrence, le meilleur prix, et qui fait que chaque stylo, ici, chaque vêtement sur nous, ont parcouru des milliers de kilomètres. Donc, effectivement, une société qui s'écologiserait, c'est forcément une société qui va privilégier les liens plutôt que les biens, une société où les activités de production et leurs volumes, et leurs transports, baissent, drastiquement même dans un premier temps.

***

Les deux se tiennent : la valorisation, ou la dévalorisation, des « métiers du lien », et la valeur, ou la non-valeur, accordée aux liens. Méprisés tous deux, négligés, marginalisés, ou au contraire placés au cœur de la cité.

« Pour revaloriser les métiers du *care*, indique Sandra Laugier, il faut inverser les normes de valeurs dans notre société. On donne de la valeur à ce qui n'en a pas, et pas assez à ce qui en a. Nous avons une dépendance collective au *care*, et pourtant, c'est un point aveugle. On ne s'en aperçoit que lorsque le travail n'est plus fait. Nous devons finalement glisser de la valeur financière vers la valeur sociale. Mieux rémunérer ces emplois est une priorité. C'est la voie pour changer, en profondeur, le regard sur ces métiers du *care*. C'est le minimum : qu'ils permettent de vivre décemment. Le *care* doit donner de la dignité à la personne aidée, mais aussi à la personne aidante. »

Durant la crise du Covid, le président de la République relevait que « notre pays tient tout entier sur des femmes et des hommes que nos économies reconnaissent et rémunèrent si mal ». Et il citait la déclaration des droits de l'Homme et du Citoyen : « Les distinctions sociales ne peuvent être fondées que sur l'utilité commune. »
Évaluer cette « valeur sociale », plus que cette valeur financière, cette « utilité commune » pour reprendre les propos du président de la République, des études s'y efforcent. Ainsi du rapport rendu en 2009 par trois chercheuses britanniques, Eilis Lawlor, Helen Kersley et Susan Steed, pour la New Economics Foundation. D'après leurs calculs, l'employée de crèche, par l'éducation prodiguée aux enfants, par le temps libéré pour les parents, rend à la société 9,43 fois ce qu'elle perçoit en salaire. À l'autre bout de la chaîne, le conseiller fiscal : son art consiste à priver la collectivité du produit de l'impôt. Il détruit quarante-sept fois plus de valeur qu'il n'en crée.

Le « retour social sur investissement » diverge alors, et grandement, du « retour sur investissement »

pour l'actionnaire. Avec des « externalités » tantôt positives, tantôt négatives.
Dans le cas d'un ouvrier du recyclage, payé 6,10 livres sterling de l'heure (environ 7 euros), les auteures estiment que « chaque livre dépensée en salaire générera 12 livres de valeur » pour l'ensemble de la collectivité. En revanche, « alors qu'ils perçoivent des rétributions comprises entre 500 000 et 10 millions de livres, les grands banquiers d'affaires détruisent 7 livres de valeur sociale pour chaque livre de valeur financière créée ».
Le publicitaire, par exemple. Son activité vise à accroître la consommation. Il en découle, d'un côté, une création d'emplois (dans le secteur de la publicité, mais aussi dans les usines, le commerce, les transports, les médias) et, de l'autre, un accroissement de l'endettement, de l'obésité, de la pollution, de l'usage d'énergies non renouvelables. Une fois évalués les bénéfices et les coûts, « pour chaque livre sterling de valeur positive, 11,50 livres de valeur négative sont générées. » Autrement dit : les cadres du secteur publicitaire « détruisent une valeur de 11,50 livres à chaque fois qu'ils engendrent une livre de valeur ».
C'est l'inverse pour un agent de nettoyage à l'hôpital. Un travail invisible, sous-traité et mal traité, mais qui contribue à la santé : le journal BMC Med a montré que l'embauche d'un nettoyeur supplémentaire diminuait le risque d'infections nosocomiales, évitait des complications. Donc, d'après les auteures, « pour chaque livre sterling qu'elle absorbe en

salaire, cette activité produit plus de 10 livres de valeur sociale ». Et encore, précisent-elles, « il s'agit probablement d'une sous-estimation ».

Les professions les plus nuisibles sont donc surpayées, tandis que, symétriquement, l'échelle des salaires décourage des activités profitables au plus grand nombre.
C'est un continent invisible qu'il s'agit de rendre visible. Il est déjà là, sous nos yeux, statistiquement, économiquement, massivement, mais plutôt que de l'organiser, de le structurer, de le financer, on se refuse à le voir, comme une honte qu'on cache. Rédacteur au *Monde diplomatique*, sociologue de formation, Pierre Rimbert observe ainsi « l'évolution des actifs en France » :

Pierre Rimbert : Il y a quelque chose de très frappant : d'ordinaire, on associe les classes populaires aux figures masculines (ouvrier métallo, sidérurgiste, etc.). Or, d'après les statistiques de l'INSEE, le salariat des classes populaires aujourd'hui est majoritairement constitué de femmes : 51 % des employés et des ouvriers sont des femmes. La proportion était de 35 % en 1968. C'est vraiment un des traits les plus frappants, à mon avis, dans ce dernier demi-siècle, de la transformation sociologique de la société : le nombre d'emplois masculins n'a pas changé, quasiment pas, de 13,3 millions d'emplois masculins en 1968, on est passés à 13,7 millions en 2017. La force de travail supplémentaire, enrôlée par le système économique ces dernières

« L'ÉDUCATION, LE SOIN, C'EST UNE MODERNITÉ UNIQUE DANS L'HISTOIRE DES CIVILISATIONS… ET POURTANT LA MODERNITÉ, DANS NOS IMAGINAIRES, C'EST FACEBOOK. »

PIERRE RIMBERT

décennies, est féminine, et notamment dans les professions que vous mentionnez. En janvier, là, pour la première fois de manière durable, les femmes ont dépassé les hommes dans la force de travail américaine. C'est une première dans l'histoire du capitalisme.

François Ruffin : Donc, c'est une tendance de fond, mais presque souterraine, peu visible…

Pierre Rimbert : C'est la question centrale, sans doute, cette invisibilité. Pourquoi ? Quelles en sont les causes ? D'abord, ces secteurs sont éclatés : par le lieu d'exercice, tantôt chez les particuliers, tantôt dans des institutions, premier facteur de séparation. Et deuxième facteur, celui des diplômes, entre, par exemple, une femme de ménage et une aide-soignante dans un hôpital. L'unité ne va pas de soi. Même si d'autres facteurs les rassemblent : ce sont des professions relativement mal payées, qui travaillent dans des conditions pas toujours flatteuses, et qui réalisent des tâches invisibles.

Voilà qui est important : le propre de ces métiers, c'est qu'on ne les voit que quand ils ne sont pas faits, ou mal faits. C'est, finalement, la charpente de l'état social, que les femmes tiennent à bout de bras. Au-delà des métiers du lien, ou du soin, j'ajouterais le ménage, et même l'administration, les tâches de bureau… Tout un salariat qui contribue à la reproduction de la société, c'est-à-dire : pour que la production puisse s'effectuer, il faut des gens en bonne santé, éduqués, avec un environnement sain, etc. Ces missions sont essentielles, et pourtant elles sont comme à l'arrière-plan.

Enfin, il y a une bataille de l'imaginaire : qu'est-ce que la modernité ?

Bruno Bonnell : C'est-à-dire ?

Pierre Rimbert : Aujourd'hui quand on dit « modernité », on pense aux nouvelles technologies, un secteur qui emploie 85 % d'hommes, ou à la finance, 88 % d'hommes. Or, l'éducation, le soin, prendre soin des vieux, des jeunes, c'est, quand on regarde l'histoire longue, une forme de modernité, qui est tout à fait unique dans l'histoire des civilisations… Et pourtant, la modernité, dans nos imaginaires, c'est Facebook, et pas l'État social qui s'est instauré depuis quatre-vingts ans, on ne pense pas aux auxiliaires de vie sociale, aux assistantes maternelles, aux aides-soignantes…

Quand vous regardez la liste, aux États-Unis, des dix métiers pour l'avenir, vous avez une partie d'hommes qui installent des panneaux solaires, des programmeurs informatiques, et puis viennent des massothérapeutes, des femmes qui s'occupent des enfants, des femmes qui s'occupent des vieux, etc. Et d'ailleurs, qu'on observe cela : les personnes impliquées, on va dire, dans cette automatisation du monde, comment ils élèvent leurs enfants ? Il y a une grande discordance. Dans la baie de San Francisco, les gens payent des humains à leurs enfants, à tel point qu'un métier apparaît aux États-Unis : « assistant personnel du coach pour enfants ». Pas seulement le coach, mais l'assistant du coach, le coach permet à l'enfant, entre zéro et trois ans, de rentrer dans une maternelle à 20 000 $ par an. Donc, ces mêmes personnes qui, par leurs entreprises, par la technologie, vont priver les autres de rapports humains, pour elles-mêmes, pour leurs familles, elles surinvestissent dans l'humain, elles en reconnaissent le caractère absolument nécessaire... Il y a un caractère très inégalitaire de l'automatisation.

La modernité est tellement incarnée par la technologie, si peu par l'humain, qu'on n'aperçoit pas le mouvement en cours. Ça fait vingt ans qu'on répète : « l'État social est en train de disparaître », etc., et certes, des politiques lui sont contraires. Et pourtant, les budgets sociaux augmentent, ces métiers que vous citez sont en train d'exploser. Le paradoxe, c'est que l'État social se renforce, mais par le bas et dans le privé : par des associations, des sous-traitants, des auto-entreprises, avec des bas salaires et des temps partiels. C'est vrai jusque dans l'hôpital : l'aide-soignante a remplacé l'infirmière, qui au quotidien a quasiment remplacé le médecin. Qui remplace l'aide-soignante ? L'ASH, l'agent spécialisé. Et la femme de ménage, elle, est sous-traitée au privé. Donc, à la fois l'État social croît, et en même temps, ces métiers font l'objet de restrictions de coûts, d'externalisation...

Donc, il faut changer cet imaginaire de la modernité : c'est le professeur, pas la téléconférence. Et dans un registre proche, il faut changer de langage : ces métiers féminins ne sont pas exprimés dans l'ordre de la production, mais du service. Même ici, dans cette assemblée, on entend systématiquement parler de

« dépenses de santé », jamais de « production de soins ». C'est significatif. Le monde politique, les médias, présentent la santé et l'éducation comme si c'était des bienfaits, dispensés par des femmes dévouées, alors que ce sont des richesses produites par des travailleuses. C'est important, pas seulement pour l'estime de soi, la dignité des gens qui font ce métier, mais pour le regard de la société. Au sortir de la guerre, gaullistes et communistes, pour accélérer la production, avaient fabriqué une mythologie du mineur de charbon. Eh bien, aujourd'hui, la puissance publique devrait accompagner la montée de ces métiers avec le même effort culturel…

François Ruffin : Vous voulez dire que, aujourd'hui, ces métiers du lien croissent, mais presque malgré la société, en catimini, comme une honte ? Alors que ça devrait être une fierté ?

Pierre Rimbert : Tout à fait. Quand on parle de « transition écologique », les héros de cette transition sont des héroïnes. Ce sont des femmes qui rendent la société vivable. Elles sont les nouveaux mineurs de fond, qui produisent des services vitaux de la société...

***

Structurer ces « métiers du lien », les sortir de la précarité, comporte donc – au moins – un triple enjeu :
1. Féministe. La vaste majorité, sinon la quasi-totalité, de ces emplois sont occupés par des femmes.

2. Social. Ce sont des centaines de milliers d'employées, de salariées, qu'on doit sortir de la pauvreté.

3. Écologique. Valoriser ces « métiers du lien », c'est dessiner la priorité pour demain : l'humain.

Ce rapport vise donc à établir un état des lieux de ces professions, à présenter des propositions très directes, très concrètes. Mais aussi à participer d'un choc culturel : voilà les héroïnes de la transition.

Pourquoi les « métiers du lien » ?

AESH, Assistante maternelle, auxiliaire de vie sociale et animatrice du périscolaire, quel lien entre ces professions ? Le lien, justement.

Nous n'avons pas choisi les terminologies du secteur, comme « services à domicile » par exemple, puisque certaines professions ne s'exercent pas à domicile mais aussi puisqu'elles ne disent rien de la qualité du travail fourni. Nous avons exclu le « service à la personne », puisque le développement de cette notion est inextricablement lié à des politiques de création d'emplois tous azimuts sans aucune réflexion sur le sens de ces métiers : prendre soin, ou externaliser du travail domestique pour les ménages les plus riches et ainsi, donner des miettes aux travailleuses précaires ?
Nous aurions pu choisir de les appeler « les métiers du soin », mais le soin est trop centré sur l'acte physique, sur la santé physique ou psychique. L'essentiel ne se situe pas là. L'appellation « métiers du care » est peut-être la plus proche, mais de par son histoire liée au monde anglo-saxon, et en tant qu'anglicisme, la notion masque l'objectif de cette mission.
Les « métiers du lien » disent mieux le chemin et la finalité recherchée par ce rapport. Le chemin, c'est que le progrès demain viendra des liens, plutôt que des biens, d'une société qui valorise la solidarité

contre la concurrence. Les « métiers du lien » disent quelque chose de ce que doit être une « République bienveillante ».
« Les liens », ces professions n'ont pas été construites pour ça, mais ils sont centraux dans la pratique. « Les liens », c'est en deçà des gestes effectivement fournis, mais ça dit ce qui est au-delà des gestes fournis.
Comme l'expliquait Xavier Guchet, philosophe auditionné par la mission : « On ne sait pas par où ça passe. Par exemple, un enfant dans la cour de récré ne se fait pas des amis en cherchant des amis, mais en jouant au foot, aux billes... il a quelque chose à faire et ça rend possible autre chose. Dans vos métiers, il y a quelque chose de cet ordre. Le soin peut passer tout à fait par autre chose que des fonctionnalités techniques, sans qu'on sache par où ça passe. »
Avec notre définition, il nous semble évident qu'il y a bien plus que ces quatre « métiers du lien » : enseignant, comédien, cafetier, député, journaliste... sont aussi des métiers du lien.
Mais nous avons identifié ces quatre métiers comme étant à structurer en priorité. Ils sont sans statut ni revenu, ou presque.

Il s'agit moins pour nous de se bagarrer sur le choix des mots, leurs intitulés, que leur réalité à transformer.

OURS

Un ouvrage ne peut exister sans, derrière l'auteur, le travail de toute une équipe. Et dans le cas des éditions Fakir, le travail d'une équipe largement bénévole. Voici donc les petites mains de l'ombre :

Coordination : Thibault Lhonneur

Graphisme : Ludovic Rio

Relecture et finitions : Renaud Alexandre, Cyril Pocréaux

Rencontres, auditions et documentation : Paul Bernardet, Dimitri Bourrié, Damien Maudet et Mélanie Vasselin

Logistique : Fabien Voulminot

Mise en carton : Danièle, Danielle, Bernard, Joël, Anne, Marie-Christine et tous les autres...

Propagande : Sylvain Laporte et Mily Renaudeau

Comptabilité : Françoise Maréchal

Aux commandes : Magalie Crevel et Pascale Mennesson

Sous la présidence lumineuse de Fabian Lemaire, et avec le secours des milliers de travailleurs clandestins qui rament dans nos soutes.

Achevé d'imprimer
en décembre 2021
sur les presses de la SEPEC
pour le compte de

Fakir Éditions
4, rue Blanquetaque
80 000 Amiens
www.fakirpresse.info
contact@fakirpresse.info

Diffusion - distribution
en France et en Belgique :
Les Belles Lettres - BLDD
25, rue du général Leclerc
94270 Le Kremlin-Bicêtre

Dépôt légal :
Bibliothèque nationale de France
ISBN : 978-2-36921-022-1
Prix : 3 €

Certifié PEFC
Ce produit est issu de forêts gérées durablement et de sources contrôlées.
PEFC 10-31-1470
pefc-france.org

IMPRIM'VERT®